Claudia Thur

Erich Kästner als Autor der inneren Emigration

GRIN - Verlag für akademische Texte

Der GRIN Verlag mit Sitz in München hat sich seit der Gründung im Jahr 1998 auf die
Veröffentlichung akademischer Texte spezialisiert.

Die Verlagswebseite www.grin.com ist für Studenten, Hochschullehrer und andere Akade-
miker die ideale Plattform, ihre Fachtexte, Studienarbeiten, Abschlussarbeiten oder Disser-
tationen einem breiten Publikum zu präsentieren.

Claudia Thur

Erich Kästner als Autor der inneren Emigration

GRIN Verlag

Bibliografische Information der Deutschen Nationalbibliothek: Die Deutsche Bibliothek
verzeichnet diese Publikation in der Deutschen Nationalbibliografie; detaillierte bibliografische Daten sind im Internet über http://dnb.d-nb.de/ abrufbar.

1. Auflage 2005
Copyright © 2005 GRIN Verlag
http://www.grin.com/
Druck und Bindung: Books on Demand GmbH, Norderstedt Germany
ISBN 978-3-640-17512-3

Erich Kästner

als Autor der

inneren Emigration

Seminar: Erich Kästner als Schriftsteller, Publizist und Poetologe
Wintersemester 2004/05

Claudia Thur

Abgabedatum: 26.7.2005

Vorwort

Nach den Jahren des Dritten Reiches wurde vielen Schriftstellern, die Deutschland nicht verlassen hatten, zum Vorwurf gemacht, sie hätten sich in den Nationalsozialismus eingegliedert, anstatt ihn zu bekämpfen. Unter ihnen war auch Erich Kästner, der in den Jahren 1933-45 eine Gratwanderung zwischen verfolgtem Literaten und geduldetem Trivialschriftsteller bestritt. Später kamen oft Vorwürfe, weil er seinen bissigen Stil gegen harmlose Geschichtchen eingetauscht habe. Vor 1933 beschreibt er zum Beispiel oft seine ablehnende Haltung gegenüber dem Krieg und Militär, „dort wird befördert, wer die Schnauze hält"[1]. Als letztes Mittel gegen den Krieg gab er sogar den (ironischen) Vorschlag, die Menschheit auszurotten, um den Krieg zu beenden.[2] Aber auch die Politiker bleiben in Kästners Gedichten nicht ungeschont. Offen behauptet er: „Wenn sie etwas tun, dann sind es Fehler"[3] Nach 1933 findet man solch offene Angriffe nicht mehr. Daher liegt die Vermutung nahe, dass Kästner in der Zeit des Nationalsozialismus wirklich nur triviale Texte verfasst hat. In dieser Arbeit werde ich untersuchen, inwieweit die Kritik korrekt ist, und ob man daraus in Anbetracht der Zeit überhaupt einen Vorwurf formulieren darf.

---

[1] Kästner, Erich: „Kennst du das Land wo die Kanonen blühn?" In: Herz auf Taille; in: Kästner, Erich: Werke/Gedichte S. 26

[2] vgl. Kästner, Erich: „Das letzte Kapitel" In: Ein Mann gibt Auskunft; in: Kästner, Erich: Werke/Gedichte S. 171

[3] Kästner, Erich: „Lob der Volksvertreter" In: Lärm im Spiegel; in: Kästner, Erich: Werke/Gedichte S.68

Die Gefahren

Situation Kästners von 1930 bis 45

Erich Kästner war als kritischer Autor Anfang der 30iger Jahre weltbekannt. Seine Einstellungen gegenüber rechtsextremen Parteien hatte er in seinen bis dahin erschienenen Werken offen und deutlich dargestellt. So will er zum Beispiel wissen, dass es für das deutsche Volk „zum Glück" war, dass der 1. WK verloren wurde.[4] Noch 1931 legt er in einem Gedicht Gott die Worte: „Es muss halt ohne Führer gehen" in den Mund. Dieses Gedicht impliziert direkt, woher denn ein Führer für Deutschland kommen müsse.[5]

Besonders in den letzten Jahren vor der Machtübernahme veröffentlichte er viele Gedichte und Satiren, um vor Hitler und der „Dummheit als Volksbewegung"[6] zu warnen. In seinem „Brief aus Paris, anno 1935" schildert er bereits 1932 die Situation der deutschen Intellektuellen unter dem Regime der Nazis. Geradezu prophetisch beschreibt er den nahenden Nationalsozialismus. Auch in vielen Veröffentlichungen in der „Weltbühne" versucht er seine Mitmenschen zu warnen. Doch dort „stieß er in der Regel auf Gleichgesinnte".[7] Hier konnte er nichts bewirken, hier konnte er nur seiner „Angst Luft machen"[8]

Kästners eigene politische Richtung in dieser Zeit lässt sich nicht zweifelsfrei rekonstruieren. Aus Briefen an seine Mutter geht aber hervor, dass er schon ahnte, dass in Zukunft Veröffentlichungen durch die Zensur gingen, und dass er bereits vor 1933 von den Nationalsozialisten körperlich bedroht wurde. Er empfahl seiner Mutter bei der Wahl zum Reichspräsidenten für Hindenburg zu stimmen, da er „im Augenblick das Beste" wäre[9]. Es ist aber nicht wahrscheinlich, dass Kästner die politischen Überzeugungen des

---

[4] Kästner, Erich: „Die andere Möglichkeit" In: Ein Mann gibt Auskunft; in: Kästner, Erich: Werke/Gedichte" S.121

[5] vgl. Kästner, Erich: „Das Führerproblem, genetisch betrachtet" In: Gesang zwischen den Stühlen; in: Kästner, Erich: Werke/Gedichte S. 186

[6] Kästner, Erich: „Ganz rechts zu singen" In: Nachlese; in: Kästner, Erich: Werke/Gedichte S.248

[7] Görtz, Franz-Joseph; Sarkowicz, Hans: „Erich Kästner, eine Biographie" Piper: München, Zürich, 1999 S.165

[8] Görtz, Franz-Joseph; Sarkowicz, Hans: „Erich Kästner, eine Biographie" Piper: München, Zürich, 1999 S.166

[9] Görtz, Franz-Joseph; Sarkowicz, Hans: „Erich Kästner, eine Biographie" Piper: München, Zürich, 1999 S. 167

konservativen Kandidaten teilte. Er sah in Hindenburg nur die sicherste Konkurrenz gegen Hitler. Eher könnte man Kästner eine sozialistische Einstellung zutrauen, sein unbedingter Pazifismus und sein gesellschaftliches Engagement entsprechen ganz dieser Tradition. Doch hiergegen spricht seine positive Meinung zu den Gedanken in dem Roman von H.G. Wells „Die Welt des William Clissold". Die dort beschriebene „Revolution von oben" hält er für eine gute Lösungsstrategie für viele weltpolitische und soziale Probleme.[10]

Insgesamt kann man sagen, dass Kästner von *hart links* bis *kurz vor rechts* in jeder politischen Richtung seine Rosinen rauspicken konnte, und sich so eine ganz eigene skeptische Politik formte.[11] Sogar die politische Propaganda befürwortete er, und erkannte früh, dass die „Führer der Propaganda eine Weltmacht"[12] sein würden.

Kästner stellte sich sehr offen gegen die NSDAP und zog damit schon früh deren Hass auf sich. Dennoch beschloss er nach der Machtübernahme der Nazis in Deutschland zu bleiben. Er kehrte nach dem Reichstagsbrand sogar aus der Schweiz, wo er sicher gewesen wäre, wieder nach Berlin zurück, versuchte auch andere Schriftsteller zu überzeugen Deutschland nicht den Rücken zu kehren. Kästner hielt es zu diesem Zeitpunkt für seine Pflicht in Deutschland zu bleiben. Bei dem Drama des Jahrhunderts sei es nicht richtig sich auf Korrespondenzberichte zu verlassen.[13]

Bei der Machtübernahme der NSDAP 1933 wurde Kästner die Schreiberlaubnis verwehrt, und seine Werke verboten und verbrannt.

Das Verbot setzte sich allerdings nur langsam durch. Die Bücherverbrennungen im Mai 1933 hatten überwiegend symbolische Bedeutung. Der Berliner Börsen-Courier hatte eine Schwarze Liste für Bibliotheken veröffentlicht. Hier war Kästner noch mit der Ausnahme „alles, außer Emil" aufgeführt[14]. Diese Schwarze Liste hatte aber keinen rechtlichen Einfluss auf Verlage und Buchhandlungen. Es dauerte noch fast ein Jahr

---

[10] Kästner,Erich: „Die Revolution von oben" In: Kästner, Erich: Werke/Publizistik S. 121ff
[11] vgl. Kästner, Erich: „Fabian" In: Kästner, Erich: Werke/Romane I S.53
[12] Kästner, Erich: „Reklame und Weltrevolution" In: Kästner, Erich: Werke/Publizistik S. 237
[13] Kästner,Erich: „Notabene 45" In: Kästner,Erich: Werke/Publizistik S.439
[14] Görtz, Franz-Joseph; Sarkowicz, Hans: „Erich Kästner, eine Biographie" Piper: München, Zürich, 1999 S.179

bis Kästner wirklich aus deutschen Geschäften geräumt worden war. Innerhalb dieser Zeit wagte die Deutsche Verlagsanstalt sogar eine Neuerscheinung. Das fliegende Klassenzimmer erschien im Dezember 1933. Möglich war dies vielleicht wegen seines Kinderbuches „Emil und die Detektive", das bereits vom Verbot ausgenommen war. Auch wenn diese Ausnahme hauptsächlich geschah, weil die Nazis Proteste und Unverständnis befürchteten, wenn sie ein so beliebtes Kinderbuch verboten[15], war dies vielleicht das Schlupfloch, dass weitere Veröffentlichungen bedingt möglich machte. In der Biografie von Sarkowicz wird diese Veröffentlichung mit dem Zusatz „Trotzdem" erwähnt.[16] Eine logische Erklärung gibt es hier wohl nicht.

Im selben Monat war Kästner auch zum ersten Mal verhaftet worden, sein Konto wurde gesperrt, angeblich, weil man glaubte, Kästner hätte das Land verlassen, und sei nur zurückgekehrt um sein Geld abzuheben, darüber hinaus hätte er von Prag aus Gedichte veröffentlicht, in denen das Regime offen angegriffen wurde. Kästner konnte jedoch beweisen, dass es sich bloß um einen Zusatz zu einem nicht kritischen älteren Gedicht handelte, und dass die beanstandeten Zeilen nicht von ihm stammten.[17]

Nach dieser Verhaftung wurde im Februar 1934 sein Berufsverbot vorrübergehend aufgehoben. In dieser Zeit begann er mit „Drei Männer im Schnee" und sorgte durch ein Verwirrspiel in den Briefen an seine Mutter dafür, dass das dazugehörige Theaterstück einem anderen Schriftsteller zugeordnet wurde. Er ahnte, dass seine Schreiberlaubnis nicht von Dauer sein würde, was sich im Oktober 1934 bestätigte.[18]

Sein Arbeitsverbot beschränkte sich allerdings nur auf den deutschen Raum. Da Kästner im Ausland ein angesehener Schriftsteller war, konnte er dort gewinnbringende Arbeit tun. Seine Veröffentlichungen für das Ausland

---

[15] Kordon, Klaus: „Die Zeit ist kaputt/ die Lebensgeschichte des Erich Kästner" Beltz&Gelberg; Weinheim 1997 S. 158
[16] Görtz, Franz-Joseph; Sarkowicz, Hans: „Erich Kästner, eine Biographie" Piper: München, Zürich, 1999 S. 185
[17] Kordon, Klaus: „Die Zeit ist kaputt/ die Lebensgeschichte des Erich Kästner" Beltz&Gelberg; Weinheim 1997 S. 163
[18] Görtz, Franz-Joseph; Sarkowicz, Hans: „Erich Kästner, eine Biographie" Piper: München, Zürich, 1999 S. 190

wurden zwar ebenfalls von der Kammer geprüft und zensiert, waren aber erlaubt, da die Devisen für die deutsche Wirtschaft wertvoll waren.[19]

Seine Humoresken wurden im Ausland ein Erfolg. Das Theaterstück „Das lebenslängliche Kind" war auch auf deutschen Bühnen ein Erfolg, jedoch nur kurz. Da die Mitarbeit Kästners an diesem Stück nicht zu leugnen war, wurde die Aufführung der Komödie verboten.

Kästner nahm sein Berufsverbot nicht einfach hin. Er versuchte innerhalb des Systems dieses Verbot aufheben zu lassen. Auch wegen dieser wagen Hoffnung, bald wieder innerhalb Deutschlands publizieren zu dürfen, achtete Kästner sehr genau darauf, was er schreiben durfte und was nicht.

Zunächst war es Kästner noch erlaubt im Ausland zu veröffentlichen, und seine Bücher durften in Deutschland verkauft werden, lediglich Werbung für Kästner war hier verboten. Diese Regelung galt bis Ende 1935. In dieser Zeit schrieb Kästner die Fortsetzung seines Kinderbuches „Emil und die drei Zwillinge" sowie seinen ersten Kriminalroman „Die verschwundene Miniatur."

Zwischenzeitlich versuchte er immer wieder auf offiziellen Wegen sein Berufsverbot aufheben zu lassen. Bei einer Unterredung wurde ihm sogar ein Angebot gemacht im geheimen Auftrag der Regierung in einer gefälschten Emigrantenzeitschrift den politischen Kampf gegen seine emigrierten Kollegen aufzunehmen. Kästner schaffte es sich aus dieser Situation herauszureden, dieser Gesinnungswandel würde ihm nicht geglaubt. In Prag jedoch wird kurz darauf in einer Emigrantenzeitschrift veröffentlicht Kästner sei der Partei beigetreten. [20]

In der folgenden Zeit bemühte sich Kästner um den Verkauf der Filmrechte seiner Bücher ans Ausland, denn seine Arbeitserlaubnis war ihm noch immer nur für den deutschen Raum entzogen. Die Filmrechte brachten ihm eine stattliche Summe ein, von der er in den späteren Kriegsjahren zehren konnte. In dieser Zeit entstand „Der Kleine Grenzverkehr" unter dem Titel „Georg und die Zwischenfälle", der zwar die nationalsozialistische Devisenpolitik als Hintergrund für eine Komödie benutzt, diese aber nicht

---

[19] Görtz, Franz-Joseph; Sarkowicz, Hans: „Erich Kästner, eine Biographie" Piper: München, Zürich, 1999 S. 210,
[20] Kordon, Klaus: „Die Zeit ist kaputt/ die Lebensgeschichte des Erich Kästner" Beltz&Gelberg; Weinheim 1997 S. 166

offen kritisiert, und daher von der Zensur verschont blieb. Sein letztes Buch während der NS-Zeit war die Nacherzählung der Geschichten des Till Eulenspiegel.

Kästners Werke wurden zu dieser Zeit überwiegend in Amerika von Studenten im Deutschunterricht gelesen und rezensiert. Bei seinen früheren Lesern verschwand er aber nach und nach aus dem Gedächtnis.[21]

Kästner selbst beschrieb diese Situation, als Schriftsteller in einem Land zu Leben, in dem die eigenen Werke nicht verkauft und in Bibliotheken nicht ausgeliehen werden dürfen, als wäre er ein lebender Leichnam.[22]

Im März 1941 wurde dann das Berufsverbot für Deutschland plötzlich wieder aufgehoben. Es gibt keine Quellen über die Gründe dieses Gesinnungswandels, es lässt sich aber vermuten, dass die Ufa zu ihrem 25jährigen Bestehen mit Kästner einen wirklich guten in Deutschland lebenden Drehbuchautoren für ihren Jubiläumsfilm verpflichten wollte.[23]

Die Ufa war wohl auf ihn angewiesen, und konnte auch Goebbels von der Notwendigkeit seiner Mitarbeit überzeugen. Kästner konnte sogar seinen Vorschlag umsetzen, statt der Verfilmung des Romans „Der tolle Bomberg" von Josef Winckler den Münchhausen als Jubiläumsfilm zu nehmen.

In diesem und im folgenden Jahr war Kästner plötzlich wieder ein gefragter Schriftsteller, aber er musste immer noch genau auf seine Worte achten. Die bürokratischen Mühlen hatten seinen Fall noch nicht beiseite gelegt. Es konnte sich immer noch um einen Irrtum oder einen Trick handeln. Außer dem Münchhausen konnte auch kein Projekt verwirklicht werden. Fast pünktlich zum Ende der Dreharbeiten des Ufa-Filmes erfuhr Hitler von der Beteiligung Kästners an dem Drehbuch und setzte ihn nun endgültig auf die Liste der verbotenen Autoren. Es wurde nicht nur der Status vor der Sondergenehmigung für den Film der Ufa wiederhergestellt, nun war er auch für Veröffentlichungen im Ausland gesperrt. Nun musste er von seinem Ersparten leben, und als Anfang des Jahres 1945 Gerüchte laut wurden, nach denen die Nationalsozialisten wegen dem bevorstehenden Einmarsch

---

[21] Görtz, Franz-Joseph; Sarkowicz, Hans: „Erich Kästner, ein Biographie" Piper: München, Zürich, 1999 S.217

[22] Kordon, Klaus: „Die Zeit ist kaputt/ die Lebensgeschichte des Erich Kästner" Beltz&Gelberg; Weinheim 1997 S. 158

[23] Kordon, Klaus: „Die Zeit ist kaputt/ die Lebensgeschichte des Erich Kästner" Beltz&Gelberg; Weinheim 1997 S. 191

der Russen noch schnell möglichst viele Feinde töten wollten, unter anderem auch Kästner selbst, ließ er sich von Freunden helfen aus Berlin nach Mayrhofen zu fliehen, wo er das Ende des Krieges miterlebte.

Machtmittel

Während des dritten Reiches wurde Kästner mehrmals verhaftet und verhört. Seine Bücher wurden öffentlich verbrannt, sein Werk als sittenwidrig abgestempelt. Kästner war selbst bei der Bücherverbrennung in Berlin anwesend, und beobachtete die Schau, mit der sein eigenes Werk in die Flammen geworfen wurde. Er war der einzige der ‚verbrannten' Schriftsteller, der persönlich Augenzeuge wurde. Er erlebte, wie Studenten der Propaganda nicht nur folgten, sondern die Schau auch selbst auf die Spitze trieben. In den Studenten sah Kästner die „Blüte der Nation", gerade deswegen war er von ihren Aktionen besonders enttäuscht. Er machte sich selbst später zum Vorwurf, an dieser Stelle stumm geblieben zu sein, die „Faust nur in der Tasche geballt"[24] zu haben. Doch jede andere Reaktion hätte die gerade auf dem Höhepunkt kochenden Aggressionen der umstehenden SA-Leute auf ihn gezogen.

Nach und nach wurde Kästner die Arbeitserlaubnis entzogen, und seine Texte aus Bibliotheken und Buchläden entfernt. Bis zu seinem endgültigen Verschwinden aus den Regalen verging allerdings eine Zeit, da die Macht der Nationalsozialisten nur langsam in die Belange privater Unternehmen wie Verlage und Buchhandlungen eindrang.

Im Dezember 1933 wurde Kästners Konto gesperrt, und kurz darauf wurde er verhaftet. Seiner Mutter schrieb er, der Grund für die Verhaftung wäre ein Gerücht, er hätte sich nach Prag abgesetzt. Laut Luiselotte Enderle war der Grund aber ein Zusatz an einem seiner Gedichte, der das dritte Reich offen angriff. Kästner konnte aber beweisen, dass die letzten Strophen nicht sein Werk waren und wurde daher wieder freigelassen. Sein Konto blieb aber noch ein Jahr gesperrt.[25] Ohne Arbeitserlaubnis im eigenen Beruf bedeutete dies, dass er für diese Zeit auf freundliche Unterstützung seiner Mutter oder

---

[24] Görtz, Franz-Joseph; Sarkowicz, Hans: „Erich Kästner, eine Biographie" Piper: München, Zürich, 1999
[25] Görtz, Franz-Joseph; Sarkowicz, Hans: „Erich Kästner, eine Biographie" Piper: München, Zürich, 1999   S. 188

Freunde angewiesen war. Wo Kästner genau in diesen Monaten seinen Lebensunterhalt herbekam, ist nicht überliefert. Es ist nicht wahrscheinlich, dass er in der Zeit andere Geschäfte tätigte. In Notabene 45 machte er mehrmals darauf aufmerksam, dass er sich nicht zu anderen Berufen als dem des Schriftstellers eignete. Ihm fehlte sowohl die handwerkliche als auch die geschäftliche Begabung, um sich mit eigener Kraft zu helfen.[26]

Kästner wusste auch von Konzentrationslagern, in denen auch Bekannte von ihm gefangen gehalten wurden. Ein Schulfreund von ihm, Hans Otto, wurde von der Gestapo verschleppt, misshandelt und getötet. [27]

Die Willkür, mit der die Nationalsozialisten ihre Gegner bekämpften, machte jede Handlung zu einem Risiko. Es bedurfte nicht einmal einer offiziellen Anklage, um Systemgegner in sogenannte Schutzhaft zu stecken. Die Beamten der Gestapo eigneten sich schon vor 1939 die Macht an, Richter, Geschworene und Henker in einer Person zu vertreten.[28] Dass Kästner selbst nicht stärker von den Repressionen der Nazis betroffen war, lag unter anderem daran, dass er sich nach der Machtübernahme bemühte unauffällig zu bleiben und Kompromisse zu schließen. Er hielt sich an die Auflagen, die ihm gemacht wurden, und versuchte nur innerhalb des Systems seine Arbeit wieder aufzunehmen, das Schreibverbot aufheben zu lassen.

Wahrscheinlich hatte er in den Reihen der Parteispitze auch Bewunderer seiner Arbeit. Bei den ersten schwarzen Listen, auf denen er stand, war stets sein Kinderbuch „Emil und die Detektive" ausgenommen. Diese, ihm unbekannten Befürworter versuchte Kästner sich gewogen zu halten, indem er den harmlosen Stil, den diese Menschen anscheinend im Emil sahen, umzusetzen. Die Vorwürfe, die bei der Bücherverbrennung gegen ihn laut genannt wurden waren Dekadenz und moralischer Verfall.[29] Diese beiden Aspekte seiner Literatur musste Kästner aus seinen Texten während des dritten Reiches ebenso fern halten, wie Systemkritik. Durch jedes Verhalten seiner Figuren, das durch seine wenigen Befürworter als amoralisch

---

[26] vgl. Kästner, Erich: „Notabene 45" Berlin: Dressler, 1961 S. 126

[27] Görtz, Franz-Joseph; Sarkowicz, Hans: „Erich Kästner, eine Biographie" Piper: München, Zürich, 1999   S. 171

[28] Mehringer, Hartmut: „Widerstand und Emigration/ Das NS-Regime und seine Gegner" dtv: München, 1998 S.63

[29] www.buecherverbrennung.de/_Feuersprueche_/_feuersprueche_.html 6.4.2005 16.35

bezeichnet werden könnte, hätte Kästner deren Unterstützung verlieren können.

Kontrollorgane

Nach der Machtübernahme war es in Deutschland nicht mehr erlaubt unkontrollierte Texte zu veröffentlichen. Die Reichsschrifttumskammer, die die Kontrolle über sämtliche Veröffentlichungen hatte, zensierte die eingereichten Texte und verwaltete auch die Pseudonyme. Nicht nur der Name Kästner, sondern auch alle seine Pseudonyme waren bekannt, und mit dem Schreibverbot vermerkt. Es war nicht möglich ohne Angabe des realen Namens zu publizieren. Nachdem die Reichsschrifttumskammer seinen Aufnahmeantrag endgültig abgelehnt hatte, begann Kästner illegal Theaterstücke und Drehbücher zu schreiben. Hierfür lieh er sich die Künstlernamen von Freunden aus. So nutzte er den Namen Eberhard Förster, hinter dem offiziell Eberhard Keindorff stand[30], und den Namen Robert Neuner, der von Werner Buhre stammte.[31] Doch auch so konnte er nicht ungehindert schreiben. Denn nun gefährdete er nicht nur sein eigenes Leben, sondern auch das seiner Freunde, die mit ihren Namen hinter den Büchern standen.

In dieser Situation wäre es nicht nur politischer, sondern wahrscheinlich auch tatsächlicher Selbstmord gewesen, hätte Kästner seine Einstellung zum Regime weiterhin so unverblümt niedergeschrieben, wie man es bis dahin von ihm gewohnt war.

Diese Haltung brachte ihm jedoch keinen großen Ruhm ein. Klaus Mann warf ihm vor, sich angepasst zu haben. „Über seinen Wert und Rang konnte man verschiedener Ansicht sein. Aber er gehörte zur Literatur."[32] Ein so harmloses Werk wie „Drei Männer im Schnee" katapultierte Kästner in die Welt der Triviallektüre.

---

[30] Görtz, Franz-Joseph; Sarkowicz, Hans: „Erich Kästner, eine Biographie" Piper: München, Zürich, 1999 S.222
[31] Görtz, Franz-Joseph; Sarkowicz, Hans: „Erich Kästner, eine Biographie" Piper: München, Zürich, 1999 S. 189
[32] Klaus Mann: „Erich Kästner"; zitiert nach: Görtz, Franz-Joseph; Sarkowicz, Hans: „Erich Kästner, eine Biographie" Piper: München, Zürich, 1999 S.192

Nur wenige von Kästners Kollegen und Lesern verstanden seinen Entschluss in Deutschland zu bleiben, und dort auch noch solche nichtssagenden Texte zu produzieren.

Nach Kästners eigener Aussage in seinen Aufzeichnungen „Notabene 45" konnte er während der Kriegsjahre auch nicht für die eigene Schublade schreiben. Die Gefahr einer Hausdurchsuchung wäre zu groß gewesen. Systemkritische Texte hätten dem ohnehin schon stark beobachteten Schriftsteller auch ohne geplante Veröffentlichung das Genick brechen können.[33]

Die Gestapo erhielt ihre Ermittlungserfolge nicht nur durch gezielte Untersuchungen. In der gleichgeschalteten Gesellschaft konnten sich die Staatsorgane auf Funktionäre und Denunzianten verlassen. Die Meldung von politischem Fehlverhalten, sowohl auf amtlicher als auch auf funktioneller Ebene war eine Selbstverständlichkeit.[34] In dieser sich selbst überwachenden Gesellschaft war jeder ein potentieller Spitzel, und Vertrauen ein Risiko.

---

[33]Kästner, Erich: „Notabene 45" Berlin: Dressler, 1961 S. 113
[34] Mehringer, Hartmut: „Widerstand und Emigration/ Das NS-Regime und seine Gegner" dtv: München, 1998 S. 65

Gründe in Deutschland zu bleiben

In seiner Sammlung „Der tägliche Kram" beschreibt Kästner seine Gedanken über das Auswandern und seine Erlebnisse in Zürich 1933, als er seinen Entschluss nach Deutschland zurückzukehren mit seinen Freunden und Kollegen erörtert. Hier wird klar, dass er sich der Gefahr, in die er sich begab zu diesem Zeitpunkt noch nicht ganz bewusst gewesen war. Er versuchte Freunde zu überzeugen mit ihm zu bleiben, und erkannte erst im Nachhinein, dass er damit Verantwortung für deren Leben übernommen hätte. „Wenn es mir damals gelungen wäre auch nur einen einzigen zu überreden, den man dann gequält und totgeschlagen hätte? Ich trüge dafür die Schuld..."[35]

Es ist unwahrscheinlich, dass er noch glaubte Entscheidendes bewirken zu können, schließlich war es ihm und seinen Kollegen von der Weltbühne auch nicht gelungen die Machtübernahme zu verhindern. Doch vielleicht glaubte er wirklich, dass seine Flucht die Folgen noch unausweichlicher machen würde.

Auf jeden Fall hatte er die Entscheidung bewusst getroffen. Auch wenn er die Gefahr anfangs unterschätzte, musste ihm bewusst gewesen sein, dass sie nicht gleich null war. Kästner erlebte, wie die Nationalsozialisten mit ihren Gegnern umgingen. Er war bereits vor 1933 bedroht worden. Er wusste, dass Kollegen und Freunde von ihm misshandelt und getötet wurden. Die Willkür des dritten Reiches konnte jeden jederzeit treffen. Und spätestens die Erneuerung seiner Entscheidung in Deutschland zu bleiben, traf er mit genauerem Wissen über die Gefahren. Nach 1933 war es ihm noch mehrmals möglich Deutschland zu verlassen, doch er kehrte jedes Mal zurück. 1938 kehrt er von einem Aufenthalt in London sogar fast fluchtartig zurück, da er befürchtet nach Kriegbeginn hierzu keine Möglichkeit mehr zu finden.[36]

1942 wurde er sogar in die Schweiz ausgeflogen, um sich dort einen Film anzusehen, der dem Thema, dass er in einem Drehbuch verarbeiten sollte

---

[35] Erich Kästner: „Über das Auswandern" zitiert nach: Görtz, Franz-Joseph; Sarkowicz, Hans: „Erich Kästner, eine Biographie" Piper: München, Zürich, 1999 S.171
[36] Kordon, Klaus: „Die Zeit ist kaputt/ die Lebensgeschichte des Erich Kästner" Beltz&Gelberg; Weinheim 1997 S. 178

ähnlich war. Kästner hatte diese Reise beantragt, aber nicht geglaubt, dass sie genehmigt würde. Doch selbst jetzt ist es für Kästner keine Frage nach Deutschland zurückzukehren.[37]

Er hatte mehrmals angedeutet, dass er einen Roman über diese Zeit schreiben wollte, darüber wie sehr Menschen sich verändern, wenn man nur genug Druckmittel einsetzt. Er wollte als Zeitzeuge verhindern, dass die Taten der Menschen in Vergessenheit gerieten. Denn schon vorher war er überzeugt, dass das Vergessen eines der größten Übel der Deutschen ist.[38] Diesen Roman hat er allerdings nie geschrieben, daher könnte man vermuten, er habe diese Pläne nur vorgeschoben, um seinem Bleiben im Nachhinein einen heroischen Anstrich zu verleihen. Seine eher sporadisch geführten Tagebucheinträge – in den zwölf Jahren hatte er nur dreimal über wenige Monate hinweg regelmäßig Tagebuch geführt – sprechen für diese Vermutung. Laut seiner eigenen Aussage blieb der Roman aber aus, weil er erkannt hatte, dass kein Text der Realität gerecht werden könnte.[39]

Aber Spekulationen über die Autoren der Inneren Emigration gab es seit dem Ende des dritten Reiches mehr als genug. Während emigrierte Schriftsteller, wie Thomas Mann, die Zurückgebliebenen beschuldigten, die „Verkommenheit [zu] beschönigen, das Verbrechen [zu] schmücken"[40], wurden die nicht-nationalsozialistischen Texte von den Lesern in Deutschland als „moralische Stärkung"[41] empfunden.

Diese Kontroverse entstand unter anderem dadurch, dass viele Schriftsteller sich im nachhinein mit dem Begriff Innere Emigration schmückten, die in Wirklichkeit dem Regime sogar nahe gestanden hatten.

---

[37] Kordon, Klaus: „Die Zeit ist kaputt/ die Lebensgeschichte des Erich Kästner" Beltz&Gelberg; Weinheim 1997 S. 196

[38] Hans Albert Walter: „Unbehagen und Kritik: Erich Kästner" in: Rudolf Wolff (hrsg.): „Erich Kästner, Werk und Wirkung" S. 26

[39] Kästner, Erich: „Notabene 45" In: Kästner, Erich: Werke/Publizistik S. 305f

[40] Philipp, Michael: „Sozialgeschichtliche Aspekte der inneren Emigration". In: „Aspekte der künstlerischen inneren Emigration 1933 bis 1945" hrsg. Im Auftr. Der Gesellschaft für Exilforschung von Claus Dieter Krohn...- München: edition text + kritik, 1994 (Exilforschung Bd. 12) S.12

[41] Philipp, Michael: „Sozialgeschichtliche Aspekte der inneren Emigration". In: „Aspekte der künstlerischen inneren Emigration 1933 bis 1945" hrsg. Im Auftr. Der Gesellschaft für Exilforschung von Claus Dieter Krohn...- München: edition text + kritik, 1994 (Exilforschung Bd. 12) S.12

Als wichtiges Anzeichen der Inneren Emigration beschrieb Martin Broszat den Widerstandstypus der „Resistenz"[42]. Dieser Begriff ist nicht zu Verwechseln mit dem französischen Begriff der Resistance, der eine aktive Untergrundbewegung meint.

Resistenz heißt die passive Geisteshaltung, mit der man sich innerlich von einem Regime abgrenzt.[43] Nach den Kriterien, die Broszat aufstellt, um Schriftsteller als Innere Emigranten zu erkennen, kann man Kästner eindeutig zu dieser Gruppe zählen. Broszat nennt hier:

- einen grundsätzlichen Verzicht auf Publikationen, das Schreiben für die Schublade [...]
- Literatur ohne jeden Gegenwartsbezug und [...] das Ausweichen in die Unterhaltungssektoren [...]
- Die literarische Darstellung eines historischen oder überzeitlichen Idealzustandes, als implizierter Vorwurf [...] oder die Konzeption von Trostbüchern als moralischer Zuspruch
- camouflierte Systemkritik durch literarische Satire oder Schreiben „zwischen den Zeilen"[44]

Mindestens der zweite Punkt ist bei Kästner eindeutig belegt. Das bewusste Ausweichen von seinen bisherigen Themen zu den harmlosen Humoresken wurde ihm aber auch oft zum Vorwurf gemacht. Vielen deutschen Schriftstellern war es aber wichtig im Ausland das „andere Deutschland" zu propagieren. Viele der inneren Emigranten fühlten sich wie in einem Land, dass von einer fremden Invasionsarmee regiert wird, die zu dem eigentlichen Volk des Landes keinen Kontakt hat.[45] Für diese Menschen wäre das Auswandern fast eine Art von Verrat gewesen, denn die „kranke Mutter

---

[42] Broszat, Martin: „Nach Hitler/ Der schwierige Umgang mit unserer Geschichte" Oldenburg Verlag; München, 1997S. 76

[43] zitiert nach: Philipp, Michael: „Sozialgeschichtliche Aspekte der inneren Emigration". In: „Aspekte der künstlerischen inneren Emigration 1933 bis 1945" hrsg. Im Auftr. Der Gesellschaft für Exilforschung von Claus Dieter Krohn...- München: edition text + kritik, 1994 (Exilforschung Bd. 12) S. 13 f.

[44] Philipp, Michael: „Sozialgeschichtliche Aspekte der inneren Emigration". In: „Aspekte der künstlerischen inneren Emigration 1933 bis 1945" hrsg. Im Auftr. Der Gesellschaft für Exilforschung von Claus Dieter Krohn...- München: edition text + kritik, 1994 (Exilforschung Bd. 12) S. 18

[45] Philipp, Michael: „Sozialgeschichtliche Aspekte der inneren Emigration". In: „Aspekte der künstlerischen inneren Emigration 1933 bis 1945" hrsg. Im Auftr. Der Gesellschaft für Exilforschung von Claus Dieter Krohn...- München: edition text + kritik, 1994 (Exilforschung Bd. 12) S.22

Deutschland"[46] brauchte gerade in der Zeit der „Besetzung" durch das NS-Regime die Anwesenheit der Nicht-Nazis.

Dieser Vergleich bringt uns zu einem weiteren Grund, der für Erich Kästner vielleicht entscheidend war. Er wollte seine Mutter nicht zurücklassen. So offen hat er das zwar nicht zugegeben, doch in vielen seiner Aussagen über die Zeit des Nationalsozialismus ist zu erkennen, wie wichtig ihm der Kontakt zu seiner Mutter war. Er sorgte sich um ihr Wohlergehen fast mehr, als um sein eigenes, was besonders in seinen Beschreibungen der Bombenangriffe auf Dresden in Notabene 45 deutlich wird.[47] Aus dem Ausland hätte er keinen Kontakt zu seiner Mutter aufnehmen können. Und aus Angst, die Nazis könnten sich an seiner Mutter für seine Meinung rächen, hätte er vielleicht auch im Ausland nicht freier schreiben können, als in Deutschland. Hierbei ist es unwichtig, wie wahrscheinlich ein solches Szenario war. Eine irrationale Angst kann Entscheidungen oft stärker beeinflussen, als eine vernünftige Abschätzung der Gefahren.

---

[46] Philipp, Michael: „Sozialgeschichtliche Aspekte der inneren Emigration". In: „Aspekte der künstlerischen inneren Emigration 1933 bis 1945" hrsg. Im Auftr. Der Gesellschaft für Exilforschung von Claus Dieter Krohn...- München: edition text + kritik, 1994 (Exilforschung Bd. 12) S.11
[47] Kästner, Erich: „Notabene 45" In: Kästner, Erich: Werke/Publizistik S.323

Kritische Ansätze

Schreibweise

Kästner wurde oft vorgeworfen, dass er von 1933 -1945 nicht offener gegen das NS-Regime protestiert habe. Seine Humoresken wurden von Schriftstellerkollegen aufgefasst, als habe Kästner sich angepasst, und versuche nun die Gefahren und Verbrechen zu verschweigen. Auf den ersten Blick ist es richtig, dass Kästner in seinen Texten nichts von dem zur Sprache bringt, wogegen er gerne gekämpft hätte. Aber die Komödien sind dennoch anhand der Sprache eindeutig als Werke Kästners zu erkennen. Der ironische Witz und seine Art Handlungen voranzutreiben sind deutlich vorhanden. Was fehlt sind der Biss und die offene Kritik, doch gerade darin steckt auch ein Vorwurf. Wer die Werke Kästners vor dem NS-Regime mit diesen Humoresken vergleicht, erkennt sofort, wie mächtig die Staatsorgane über die Veröffentlichungen wachten, und wie sehr Kästner darauf achten musste was er schrieb. Dazu kommt die Aufgabe im Ausland ein Bild von einem „anderen Deutschland" zu verbreiten. Der Nationalsozialismus war aus der Sicht vieler Ausländer eine Folge der „grundlegend autoritären, militärisch-imperialistischen und humanitätsfeindlichen Natur des deutschen Volkes"[48]. Kästner hat vielleicht, wie viele Emigranten, versucht dieses Bild zu widerlegen. Er veröffentlichte seine Texte im Ausland, daher kann man vermuten, dass die wichtigsten Botschaften auch für die ausländischen Leser bestimmt waren. Er wollte verhindern, dass das deutsche Volk auch nach der Befreiung vom Nationalsozialismus vom Rest der Welt gehasst und gefürchtet würde. Er wollte deutlich machen, dass Deutschland nicht nur aus Nazis besteht, sondern dass es, von der Diktatur unterdrückt, auch anständige Deutsche gibt. Damit verfolgte er ähnliche Ziele, wie die Emigranten, die in den USA Programme für ein demokratisches Nachkriegsdeutschland entwarfen, und sich schon vor Kriegsende für eine deutsche Selbstverwaltung einsetzten.[49]

---

[48] Mehringer, Hartmut: „Widerstand und Emigration/ Das NS-Regime und seine Gegner" dtv: München, 1998 S. 261
[49] Mehringer, Hartmut: „Widerstand und Emigration/ Das NS-Regime und seine Gegner" dtv: München, 1998 S. 261

Konkrete Kritik in den Texten

Drei Männer im Schnee

Dieser Roman wurde von Kästner mit zwei Vorworten versehen. Im ersten Vorwort erörtert er, ob er für seinen Roman einen Millionär als Hauptfigur wählen kann, obwohl Millionäre „aus der Mode gekommen" sind.[50] Er versucht zu ergründen, warum die Millionäre als Protagonisten nicht mehr gern gesehen sind, doch er muss eingestehen, dass ihm keine Erklärung gelingt. Hier könnte sich bereits die erste Kritik an der Zeit versteckt halten, denn wer Kästner kennt, weiß, dass es ihm bei diesem Vorwort nicht wirklich um die Mode, um die Millionäre geht. Der Millionär, der in „Drei Männer im Schnee" die Hauptrolle spielt, ist zudem auch noch ein guter Mensch, einer, der sich nicht von der Meinung der breiten Masse beeinflussen lässt. Er ist ein Mensch, der zu seinem Wort steht, und andere nicht auf Grund von gängigen Vorurteilen einschätzt, und demnach schlechter oder besser behandelt.

Vielleicht kritisiert Kästner hier, dass genau dieser Menschenschlag mit dem Aufkommen des Nationalsozialismus immer seltener wird, und dass die „Toblers" und „Schulzes" doch eigentlich so wichtig für die Gesellschaft sind.

Im zweiten Vorwort versucht er dem Inhalt des Textes einen anderen Urheber zuzuschreiben. Er schreibt, er hätte diese Geschichte von einem unbekannten Mitreisenden gehört. Zugleich führt er auch seinen Freund Robert ein, der aus demselben Stoff beabsichtigt ein Drama zu schreiben.[51] Dies war ein Versuch das Drama vor der Zensur zu schützen, wenn ihm die Schreiberlaubnis entzogen würde.

Ein weiterer versteckter Angriff findet sich bereits im ersten Kapitel des Romans. Johann unterhält sich mit der Kunkel über das neue Dienstmädchen Isolde. Als Johann erklärt, ihre Mutter habe ihr wegen ihrer Verehrung Wagners den Namen gegeben, versteht Kunkel überhaupt nichts. Da sie nicht weiß, wer Richard Wagner war, wähnt sie in der Verehrung sofort eine Affäre, und als Johann erklärt der Vater von Isolde hätte Wagner

---

[50] Kästner, Erich: „Drei Männer im Schnee" Lizenzausgabe des Deutschen Bücherbundes Stuttgart, Hamburg München, 1969 S.7

[51] „Robert hat das Stück geschrieben, und ich den Roman." Kästner, Erich: „Drei Männer im Schnee" Lizenzausgabe des Deutschen Bücherbundes Stuttgart, Hamburg München, 1969 S.12

ebenfalls geliebt, glaubt sie endgültig an eine moralisch verkommene Familie.[52]

Kästners frühere Werke wurden mit dem Spruch: „Gegen Dekadenz und moralischen Verfall"[53] in die Flammen geworfen. In dieser Szene zeigt Kästner nun, dass viele Menschen den moralischen Verfall sehen, weil sie nicht begreifen, worum es wirklich geht. Die Kunkel nimmt hier die Rolle derer ein, die sein Werk als Angriff auf positive Werte verstanden haben.

Johann, der Diener wird als der Untertan schlechthin vorgestellt. Für ihn gibt es kein größeres Glück als seinem „Herrn" zu dienen.[54] Aber diese Eigenschaft ist hier nicht kritisiert. Seine Unterwürfigkeit sorgt für einen feinen Humor, der durchweg positiv von ihm denken lässt. Hätte Kästner den unhinterfragten Gehorsam als negative Eigenschaft dargestellt, wäre dies wahrscheinlich auch nicht durch die Zensur gegangen. Diese Kritik wäre zu offen gewesen, um sie im Jahr 1935 aufzuschreiben. Aber es ist auch zu beachten, dass Johann einen guten Menschen als Arbeitgeber hat. Tobler ist zurecht eine Respektsperson, und trotz seiner Unterwürfigkeit ignoriert Johann manche Anweisungen seines Chefs, wenn diese unklug oder sogar gefährlich scheinen.[55]

Weitere kritiktragende Figuren sind der Hoteldirektor und Portier Polter. Der Direktor, der eigentliche „Führer" des Hotels ist bloßer Schein.[56] Er biedert sich bei den Gästen an, amüsiert sich prächtig und die Arbeit bleibt an Polter hängen. Polter ist der eigentliche Chef des Hotels. Beide sind ermächtigt eigene Entscheidungen zu treffen und umzusetzen, und sie treffen diese Entscheidungen aufgrund von Vorurteilen und Vermutungen. Sowohl die Reichen als auch die Armen werden von den beiden in Schubladen gesteckt, und dementsprechend behandelt.[57] Und mit diesem Verhalten stiften die beiden nur Unheil. Ihr Benehmen dem vermeintlichen

---

[52] Kästner, Erich: „Drei Männer im Schnee" Lizenzausgabe des Deutschen Bücherbundes Stuttgart, Hamburg München, 1969 S.16

[53] www.buecherverbrennung.de/_Feuersprueche_/_feuersprueche_.html 6.4.2005 16.35

[54] Kästner, Erich: „Drei Männer im Schnee" Lizenzausgabe des Deutschen Bücherbundes Stuttgart, Hamburg München, 1969 S.23

[55] vgl Kästner, Erich: „Drei Männer im Schnee" Lizenzausgabe des Deutschen Bücherbundes Stuttgart, Hamburg München, 1969 S.104, Johann räumt die Dachkammer auf

[56] Kästner, Erich: „Drei Männer im Schnee" Lizenzausgabe des Deutschen Bücherbundes Stuttgart, Hamburg München, 1969 S.43

[57] Kästner, Erich: „Drei Männer im Schnee" Lizenzausgabe des Deutschen Bücherbundes Stuttgart, Hamburg München, 1969 S.49

verkleideten Millionär gegenüber wäre auch dann unangemessen gewesen, wenn die Verwechslung nicht stattgefunden hätte, denn auch dem wirklichen Millionär wäre die schlechte Behandlung des wirklichen armen Schluckers übel aufgestoßen.

Zwar wird die Handlung der Komödie nur durch die Vorurteile der beiden in Gang gehalten, und auch die Verlobung am Ende hätte ohne die schlechte Behandlung des Schulze nicht stattgefunden. Aber dass der Direktor und Polter selbst keine weitreichenden Nachteile davonzutragen hatten, lag einzig an der Gutmütigkeit von Hagedorn und Tobler.[58]

Der kleine Grenzverkehr

Dieser Text basiert auf der Devisenpolitik des 3. Reiches im Jahr 1937. Zu dieser Zeit war es Deutschen nicht gestattet mehr als 10 Reichsmark pro Monat ins Ausland mitzunehmen. Kästner selbst hatte den kleinen Grenzverkehr zwischen Reichenhall und Salzburg als Lösung für dieses Problem für sich entdeckt, und aus diesen Erfahrungen den vorliegenden Text entwickelt.[59]

Das Vorwort dagegen weist die Komödie als Tagebuch eines Freundes aus. Wie bereits bei „Drei Männer im Schnee" gibt Kästner hier vor nicht selbst der Urheber des Textes sein. Kästner will sogar „den Wortlaut des Textes nicht angetastet" haben,[60] sondern nur das Tagebuch seines (angeblich echten) Freundes Georg Rentmeister in Druck gegeben haben. Die Figur Georg Rentmeister ist ein wissenschaftlicher Schriftsteller, der bis dahin noch keine seiner Arbeiten zum Abschluss gebracht hat.[61] Er stellt sich Aufgaben, die kein Ende finden, weil er zu großen Wert auf Vollkommenheit legt. Mit der Zeit hat er mit fünf verschiedenen Projekten begonnen, an denen er nebeneinander arbeitet. Eines dieser Projekte trägt den Titel: „Über die mutierenden Einflüsse der Antike und des Christentums auf die

---

[58] Kästner, Erich: „Drei Männer im Schnee" Lizenzausgabe des Deutschen Bücherbundes Stuttgart, Hamburg München, 1969 S.215
[59] Kordon, Klaus: „Die Zeit ist kaputt/ die Lebensgeschichte des Erich Kästner" Beltz&Gelberg; Weinheim 1997 S. 175
[60] Kästner, Erich: „Der kleine Grenzverkehr" Lizenzausgabe für den Bertelsmann Lesering Buch Nr. 5024 S. 12
[61] Kästner, Erich: „Der kleine Grenzverkehr" Lizenzausgabe für den Bertelsmann Lesering Buch Nr. 5024 S. 8

mitteleuropäische Kunst und Kultur"[62]. In dieser Arbeit stellt er die Theorie auf, dass in Mitteleuropa zwei Krankheiten herrschen. Kästner hat hier vielleicht auf die Krankheit Nationalsozialismus angespielt. Den Anfang des Phänomens setzt er ins Jahr 1000 n. Chr.. Gerade die Zahl 1000 könnte eine Anspielung auf den Wunschtraum vom 1000jährigen Reich sein.

Der Text selbst weist mit der ironischen Darstellung der deutschen Grenzpolitik auf die Unsinnigkeit dieser Gesetze hin. Der wohlhabende Rentmeister muss sich von einer fremden Dame aushelfen lassen, weil er in Österreich kein Geld (mehr) mit sich führen darf und sein Freund nicht rechtzeitig am Treffpunkt war.[63] Die sich hier anbahnende Liebesgeschichte wertet zwar auch die Devisenpolitik auf, dies ist wahrscheinlich der Grund, warum Kästner den „kleinen Grenzverkehr" veröffentlichen durfte, trotzdem wirken die deutschen Gesetze hier lächerlich und vor allem: umgehbar. Kästner zeigt seinen Lesern, dass Gesetze nicht zwingend befolgt werden müssen. Rentmeister schafft es zwar nicht mehr Geld nach Österreich zu transportieren, doch er kann die Reise unternehmen, obwohl sie durch die Gesetze fast verhindert worden wäre. Kästner zeigt in diesem Text, dass Hindernisse, die von den Gesetzgebern aufgestellt wurden, nicht allumfassend sind. Es ist trotz allem möglich seine eigenen Ziele zu verfolgen.

Die verschwundene Miniatur

In der Kriminalkomödie „Die verschwundene Miniatur" jagen verschiedene Personen einem Kunstwerk hinterher, und stellen bei ihrer Spionagetätigkeit die abstrusesten Theorien über die Absichten der anderen Beteiligten auf. Papa Külz, die Hauptfigur, zeigt hier sogar solche Ausmaße an Dummheit, dass die anderen Figuren von einer Verstellung ausgehen, da soviel Dummheit nicht echt sein könne.[64]

Und dieser Papa Külz wird von seinem Äußeren her so beschrieben wie sich Menschen außerhalb Deutschlands, insbesondere die Amerikaner, den

---

[62] Kästner, Erich: „Der kleine Grenzverkehr" Lizenzausgabe für den Bertelsmann Lesering Buch Nr. 5024 S.8
[63] Kästner, Erich: „Der kleine Grenzverkehr" Lizenzausgabe für den Bertelsmann Lesering Buch Nr. 5024 S. 35
[64] Kästner, Erich: „Die verschwundene Miniatur" DTV; München, 1988 2.Aufl. S.20

typischen Deutschen vorstellen.[65] Der grüne Anzug, der braune Hut und der graue Schnauzbart[66] erinnern sofort an die süddeutsche Mode[67], die in den USA bis heute als die einzige deutsche Kleidung gilt.[68] Auch die Trinkfestigkeit bei Bier und Schnaps[69] wird den Deutschen oft zugeschrieben. Zwar verkörpert Külz nicht die preußische Pünktlichkeit und Disziplin, aber Auslöser für die Romanhandlung ist sein Ausbruch aus einem Leben, dass nur für die Arbeit geführt wird.[70] Wenn in der Vergangenheit die Nationalcharaktere der Europäer verglichen werden, fehlt dem Deutschen im Gegensatz zu seinen Nachbarn die Eigenschaft „wenig arbeitsam"[71]. Im Umkehrschluss werden die Deutschen also als „Workaholics"[72] bezeichnet. Gleichzeitig seien Deutsche „freiheitsliebend".[73] Diese Kombination führte erst dazu, dass Külz von seinem Leben Reißaus nahm, und allein in Kopenhagen landete.[74]

Und dieser typische Deutsche wird von Kästner als die Dummheit in Person hingestellt. Külz' Naivität kennt keine Grenzen[75], er wird zur Witzfigur. Wie sehr dies als Kritik gewertet werden kann, fällt besonders dann auf, wenn man bedenkt, dass Kästners Humoresken zur Zeit des Nationalsozialismus, zu den beliebtesten deutschsprachigen Texten in amerikanischen Schulen und Universitäten gehörten. Die Vorstellungen über die deutsche Kultur einer ganzen Generation wurde durch die Erzählung über Papa Külz beeinflusst.[76]

---

[65] Thürk, Sabine: „Pauschales Lachen"
http://216.239.59.104/search?q=cache:PFYqBrrYDmwJ:www.kommwiss.fu-berlin.de/fileadmin/user_upload/infowiss/voelz/lehre/ws2002_03_humor/Pauschales_Lachen._Hausarbeit.V1.0.doc+soziologie+Nationalcharakter+vorurteile+deutsch+usa&hl=de   S. 19

[66] vgl. Kästner, Erich: „Die verschwundene Miniatur" DTV; München, 1988 2.Aufl. S.8

[67] vgl. Kästner, Erich: „Die verschwundene Miniatur" DTV; München, 1988 2.Aufl. S.29

[68] Bausinger, Hermann: „Typisch deutsch/ Wie deutsch sind die Deutschen?" beck; München, 2000 S.32

[69] vgl. Kästner, Erich: „Die verschwundene Miniatur" DTV; München, 1988 2.Aufl. S. 40f

[70] vgl. Kästner, Erich: „Die verschwundene Miniatur" DTV; München, 1988 2.Aufl. S. 14ff

[71] Schulze, Winfried: „Die Entstehung der nationalen Vorurteile/ Zur Kultur der Wahrnehmung fremder Nationen in der europäischen Frühen Neuzeit" In: GUW (46), 1995 S. 658

[72] Bausinger, Hermann: „Typisch deutsch/ Wie deutsch sind die Deutschen?" beck; München, 2000 S. 18

[73] Schulze, Winfried: „Die Entstehung der nationalen Vorurteile/ Zur Kultur der Wahrnehmung fremder Nationen in der europäischen Frühen Neuzeit" In: GUW (46), 1995 S. 658

[74] vgl. Kästner, Erich: „Die verschwundene Miniatur" DTV; München, 1988 2.Aufl. S. 14ff

[75] vgl. z.B.: Kästner, Erich: „Die verschwundene Miniatur" DTV; München, 1988 2.Aufl. S. 30 oder S. 33

[76] Görtz, Franz-Joseph; Sarkowicz, Hans: „Erich Kästner, eine Biographie" Piper: München, Zürich, 1999

Ironie der Idylle

Kästner hat in seinen bissigen Texten oft mit Ironie gearbeitet. In vielen Texten benutzt er Untertreibungen und die Behauptung des Gegenteils, um seine Meinung dadurch noch deutlicher darzustellen, als es die einfache Wiedergabe seiner Ansichten könnte. Vor 1933 war man von Kästner jedoch gewohnt, dass diese Ironie auf den ersten Blick zu erkennen war. Dies war aber unter der Herrschaft der Nationalsozialisten nicht möglich. Kästner musste jeden Hinweis, dass eine Textstelle ironisch gemeint sein könnte vermeiden. Dies heißt aber nicht zwingend, dass die Stellen auch wirklich nicht ironisch waren. Bereits sein Pseudonym Bertold Bürger könnte ein Hinweis auf die romantische Ironie sein. In dem Roman „Die Kronenwächter" von Achim von Arnim findet man eine Figur mit Namen Berthold, der Bürger. Seinem Schicksal nach hätte Berthold, der Bürger eigentlich Berthold, der Ritter werden müssen, er lässt sich jedoch Angst einjagen und geht dann an seiner bürgerlichen Existenz zugrunde.[77] Auch Erich Kästner ließ sich von den Nationalsozialisten Angst einjagen, und akzeptierte sein Dasein als Bertold Bürger, obwohl er lieber Erich Kästner geblieben wäre. Mit dem Unterschied, dass „Erich, der Bürger" nicht an seiner Existenz zugrunde geht. Die romantische Ironie ist nicht nur eine Schreibart, sondern diese Ironie ist zu verstehen als „besondere Erkenntnisart, die in allem das zeichenhaft wahrnimmt".[78] Bei allen drei Humoresken zieht sich eine harmonische Idylle durch den Text, die normalerweise in der seichtesten Trivialliteratur Platz findet. Genau dies bewirkt eines der deutlichsten Merkmale der romantischen Ironie. Die Unterschiede zwischen Ideal und Wirklichkeit werden nicht im gebotenen Maße problematisiert, und gerade dadurch verdeutlicht.[79] Alle Texte spielen auch zu der Zeit in der sie veröffentlicht wurden. Kästner stellt also die Zeit des NS-Regimes als harmonische Idylle dar. In allen drei Texten geht es auch um Reisen ins Ausland, trotzdem sind die Texte absolut unpolitisch. In einer Zeit, in der

---

[77] Halbfass, Helga: „Komische Geschichte(n)/ Der ironische Historismus in Achim von Arnims Roman Die Kronenwächter" New York, Berlin, 1993 S.100
[78] Halbfass, Helga: „Komische Geschichte(n)/ Der ironische Historismus in Achim von Arnims Roman Die Kronenwächter" New York, Berlin, 1993 S. 85
[79] Lüthe, Rudolf: „Der Ernst der Ironie /Studien zu einer ironistischen Kulturphilosophie der Kunst" Königshausen&Neumann; Würzburg, 2002 S. 39

sich Deutschland vom Rest der Welt abschottete, und Kontakte zum Ausland nur in Form von Krieg und Besetzung förderte, kann man unpolitische Auslandreisen nicht als realistische Darstellung der Zeit bezeichnen. Doch diesen Eindruck wollte Kästner auch nicht erwecken. Die Leser seiner Humoresken kannten auch seine bis dahin erschienenen Texte, der Unterschied zwischen den Werken vor und nach 1933 war der Hinweis auf die Ironie. Doch die steckte nicht innerhalb der Texte, sondern in deren Erscheinen überhaupt. Kästner zeigte so (vielleicht ohne es bewusst zu wollen) die Inkonsequenz des Regimes. Er zeigte, wie willkürlich die Nationalsozialisten ihre Überzeugungen den Umständen anpassten, und damit auch wie anfällig das System eigentlich war. Er machte die Arbeit der Reichsschrifttumskammer zum Gespött, und erhob sich fast selbst über deren Regeln.

Fazit

Es wäre zuviel gesagt, wenn man an dieser Stelle aus Kästner einen Widerständler machen wollte, dazu waren seine Texte noch zu unauffällig. Aber es ist deutlich zu erkennen, dass er sich sein eigenes Gedankengut über all die Jahre der Unterdrückung bewahrt hatte. Er hatte eine gewisse Bissigkeit behalten, doch diese ist in den vorliegenden Texten so gut versteckt, dass sie kaum zu erkennen ist.

Aber dies kann man Kästner auch zugute halten. Er hat es geschafft seine Satiren durch die Zensur zu bringen, was von Karl Kraus indirekt als Qualitätsmerkmal einer Satire bezeichnet wurde:

„Was immer drauf los mit dem Knüppel geht,

Das sind keine Künstler, nur Knoten

Satiren, die der Zensor versteht,

Werden mit Recht verboten."[80]

Diesen Leitsatz, der auf die Zensur im ersten Weltkrieg gemünzt war, nahmen sich die Autoren der Inneren Emigration als Richtschnur. Natürlich ist es immer eine Gratwanderung eine Satire unkenntlich zu machen, denn was die Zensoren nicht verstehen, wird am größten Teil der Leser ebenfalls vorbeigehen, besonders, weil diese meist nicht gezielt nach systemkritischen Elementen suchen.

Die einzige korrekte Kritik an den Humoresken Kästners wäre also, dass die Satire zu gut versteckt war. Doch einen Vorwurf kann nur er selbst daraus machen. Kästner hatte ein größeres Sicherheitsbedürfnis als viele seiner Kollegen. Trotzdem hatte er den Mut in Deutschland zu bleiben, was in jedem Fall waghalsiger war, als aus der Emigration heraus den Nationalsozialismus offen zu kritisieren. Welche Haltung sinnvoller oder richtiger war, ist eine andere Frage.

Doch auch viele in Deutschland gebliebene hatten mehr Mut, gegen Hitler vorzugehen. Kästner selbst fühlte sich später in einem gewissen Maße schuldig, dass er diesen Mut nicht aufgebracht hatte. Vielleicht war auch

---

[80] zitiert nach: Fechtner, Paul: „Geschichte der deutschen Literatur 2 / Die Literatur des 20. Jahrhunderts" Sigbert Mohnverlag: Gütersloh, 1960 S.335

das ein Grund, warum er sein Vorhaben, einen Roman über diese Zeit zu schreiben nicht verwirklicht hatte.

Doch auch wenn er nicht alles getan hat, was in seiner Macht stand, er blieb wenigstens sich selbst treu. Er blieb weiterhin ein entschiedener Gegner des Nationalsozialismus, und schrieb dies (versteckt) auch in seinen Texten.

Und diese Beständigkeit war zwischen 1933 und 45 nicht selbstverständlich.

Literatur

- Kästner, Erich: „Drei Männer im Schnee". Lizenzausgabe des Deutschen Bücherbundes Stuttgart, Hamburg München, 1969
- Kästner, Erich: „Die verschwundene Miniatur" DTV; München, 1988 2.Aufl.
- Kästner, Erich: „Der kleine Grenzverkehr" Lizenzausgabe für den Bertelsmann Lesering Buch Nr. 5024
- Bausinger, Hermann: „Typisch deutsch/ Wie deutsch sind die Deutschen?" beck; München, 2000
- Broszat, Martin: „Nach Hitler/ Der schwierige Umgang mit unserer Geschichte" Oldenburg Verlag; München, 1997
- Fechtner, Paul: „Geschichte der deutschen Literatur 2 / Die Literatur des 20. Jahrhunderts" Sigbert Mohnverlag: Gütersloh, 1960
- Görtz, Franz-Joseph; Sarkowicz, Hans: „Erich Kästner, eine Biographie" Piper: München, Zürich, 1999
- Halbfass, Helga: „Komische Geschichte(n)/ Der ironische Historismus in Achim von Arnims Roman „Die Kronenwächter" New York, Berlin, 1993
- Kästner, Erich: „Notabene 45" Berlin: Dressler, 1961
- Kästner, Erich: Werke; Hrsg. Helmuth Kiesel; Band: „Möblierte Herren/Romane I" Carl Hanser Verlag: München, Wien, 1998
- Kästner, Erich: Werke; Hrsg. Helmuth Kiesel; Band: „Splitter und Balken/ Publizistik" Carl Hanser Verlag: München, Wien, 1998
- Kästner, Erich: Werke; Hrsg. Helmuth Kiesel; Band: „Zeitgenossen, haufenweise/Gedichte" Carl Hanser Verlag: München, Wien, 1998
- Kordon, Klaus: „Die Zeit ist kaputt/ die Lebensgeschichte des Erich Kästner" Beltz&Gelberg; Weinheim 1997
- Lüthe, Rudolf: „Der Ernst der Ironie /Studien zu einer ironistischen Kulturphilosophie der Kunst" Königshausen&Neumann; Würzburg, 2002
- Mehringer, Hartmut: „Widerstand und Emigration/ Das NS-Regime und seine Gegner" dtv: München, 1998

- Philipp, Michael: „Sozialgeschichtliche Aspekte der inneren Emigration". In: „Aspekte der künstlerischen inneren Emigration 1933 bis 1945" hrsg. Im Auftr. Der Gesellschaft für Exilforschung von Claus Dieter Krohn...- München: edition text + kritik, 1994 (Exilforschung Bd. 12)
- Schulze, Winfried: „Die Entstehung der nationalen Vorurteile/ Zur Kultur der Wahrnehmung fremder Nationen in der europäischen Frühen Neuzeit" In: „Geschichte in Wissenschaft und Unterricht/ Zeitschrift des Verbandes der Geschichtslehrer Deutschlands" Hrsg.: H. Boockmann, J. Rohlfes, W. Schulze; Jahrgang 46, 1995
- Walter, Hans Albert: „Unbehagen und Kritik: Erich Kästner". In: Rudolf Wolff (Hrsg.): „Erich Kästner, Werk und Wirkung"

www.buecherverbrennung.de/_Feuersprueche_/_feuersprueche_.html
6.4.2005 16.35Uhr

- Thürk, Sabine: „Pauschales Lachen"
http://216.239.59.104/search?q=cache:PFYqBrrYDmwJ:www.kommwiss.fu-berlin.de/fileadmin/user_upload/infowiss/voelz/lehre/ws2002_03_hu mor/Pauschales_Lachen._Hausarbeit.V1.0.doc+soziologie+Nationalcha rakter+vorurteile+deutsch+usa&hl=de 15.7.2005 15.00Uhr